DE LA RÉFORME

DU CODE DE PROCÉDURE CIVILE

DE L'EXPROPRIATION FORCÉE

DISCOURS

PRONONCÉ

À LA SÉANCE SOLENNELLE DE RÉOUVERTURE DE LA CONFÉRENCE
DES AVOCATS STAGIAIRES

Le 15 Décembre 1894

PAR

Gaston REVERDY

Docteur en droit, Avocat à la Cour d'Appel,
Secrétaire de la Conférence.

POITIERS

IMPRIMERIE BLAIS ROY ET Cie

7, RUE VICTOR-HUGO, 7

1894

DE LA RÉFORME

DU CODE DE PROCÉDURE CIVILE

DE L'EXPROPRIATION FORCÉE

DISCOURS

PRONONCÉ

A LA SÉANCE SOLENNELLE DE RÉOUVERTURE DE LA CONFÉRENCE
DES AVOCATS STAGIAIRES

Le 15 Décembre 1894

PAR

Gaston REVERDY

Docteur en droit, Avocat à la Cour d'Appel,
Secrétaire de la Conférence.

POITIERS

IMPRIMERIE BLAIS, ROY ET Cie

7, RUE VICTOR-HUGO, 7

1894

Poitiers. — Imp. Blais, Roy et Cie, 7, rue Victor-Hugo.

Aujourd'hui, quinze décembre mil huit cent quatre-vingt-quatorze, à deux heures, l'Ordre des Avocats à la Cour d'appel s'est réuni, en robe, dans la salle d'audience de la première chambre de la Cour, pour assister à l'ouverture des conférences des avocats stagiaires.

Étaient présents :

MM. A. Tornezy, bâtonnier, président ; de la Ménardière, Orillard, Druet, Pichot, Séchet, membres du Conseil.

Mérine (Paul), Poulle, Fontant, Deleffe, Naslin, Reverdy et Doyen, avocats inscrits au Tableau.

La Barre était occupée par MM. les avocats stagiaires.

M⁰ A. Tornezy a ouvert la séance, annoncé la reprise des travaux et prononcé une allocution.

La parole a été ensuite donnée à Mᵉ Reverdy (Gaston), qui a lu une étude sur la *Réforme du Code de procédure civile* (*De l'expropriation forcée*).

Puis, Mᵉ Morand a donné lecture d'une étude sur *l'Application des peines en Cour d'assises*.

Après ces deux discours, le Président a réglé le service de la conférence pour les séances ultérieures.

La séance a été levée à quatre heures.

Poitiers, les jour, mois et an que dessus.

<table>
<tr><td>Le Secrétaire,</td><td>Le Président,</td></tr>
<tr><td>H. Séchet.</td><td>A. Tornezy.</td></tr>
</table>

DE LA RÉFORME
DU CODE DE PROCÉDURE CIVILE

DE L'EXPROPRIATION FORCÉE

Monsieur le Batonnier,

Messieurs,

Parmi les nombreuses questions qui sont, à l'heure actuelle soumises à l'examen de nos législateurs, il en est peu qui préoccupent autant l'opinion publique, et particulièrement ceux qui, de près ou de loin, touchent à l'administration de la justice, que celle de la réforme de notre procédure civile.

Je n'ai pas besoin de vous rappeler, Messieurs, les critiques sans nombre, et parfois très vives, qui ont été adressées, depuis le commencement du siècle, à cette partie de notre législation.

Tout en reconnaissant que notre Code de procédure constitue un notable progrès, si on le compare au chaos de l'ancien régime ou à la simplicité chimérique des lois de l'époque intermédiaire, on lui a, à maintes reprises, reproché d'avoir imité trop servilement l'Ordonnance de 1667, et reproduit, en grande partie, les formalités en usage dans l'ancienne pratique du Châtelet.

Sans doute, au milieu des rapports compliqués dont notre société se compose, une simplicité primitive ne serait qu'un rêve. Comme le disait Treilhard, dans son *Exposé général du système du Code de procédure* au Corps législatif, « il faut dans

« les procès une marche fixe, qui ne permette pas l'arbitraire
« dans l'instruction, car il serait bientôt suivi de l'arbitraire
« dans le jugement (1) ».

Mais sans contester la nécessité des formes de la procédure,
garantie indispensable d'une bonne justice, on ne peut s'empêcher de reconnaître que le Code de 1806 n'est plus, dans son
ensemble, en harmonie avec notre état économique et social;
les délais qu'il prescrit, les formalités qu'il organise ne sont
plus en rapport avec la multiplicité et la rapidité des relations;
les frais qui sont le résultat de son application entravent la dif-
fusion de la fortune publique; et tout le monde est d'accord
aujourd'hui pour réclamer une justice plus rapide et moins
coûteuse.

Malheureusement, le problème est plus facile à poser qu'à
résoudre, aussi est-il depuis longtemps à l'étude sans qu'on ait
encore pu en trouver une solution satisfaisante.

Toutefois, la question est de plus en plus à l'ordre du
jour. Sans parler des divers projets contenant révision par-
tielle du Code de 1806, qui ont été élaborés durant ces dernières
années, et sont le résultat des travaux de la Commission extra-
parlementaire instituée en 1883 (2), deux projets, portant
refonte totale du Code de procédure civile, ont été tout récem-
ment soumis à l'examen des Chambres. L'un émane de l'initiative parlementaire et a été présenté par MM. Dupuy-Dutemps,
Henri Brisson et Pourquery de Boisserin, le 5 décembre 1893;
l'autre a été déposé, au nom du Gouvernement, par M. Dubost,
alors ministre de la Justice, le 5 mai 1894.

Je n'ai pas, Messieurs, vous le pensez bien, l'intention d'entreprendre ici l'examen de toutes les réformes contenues dans

(1) Treilhard, *Exposé général du système du Code de procédure; Locré*, t. XXI,
p. 22.

(2) Projet déposé par M. Demôle, le 19 octobre 1886, portant revision des titres
1er à 16 du livre II, partie première du Code. — Projet déposé par M. Ferrouillat,
le 12 janvier 1888, portant revision des titres 17 à 25 du livre II, partie première
du Code. — Ces deux projets, n'ayant pu être mis en discussion avant l'ex-
piration des pouvoirs de la Chambre, ont été réunis en un seul qui a été déposé
par M. Thévenet, le 6 mars 1890. (*Journal Officiel* 1890, *annexes de la Chambre*,
p. 441).

ces différents projets. Un semblable travail nécessiterait évidemment une science et un cadre qui me font l'un et l'autre défaut.

Je me bornerai donc à l'étude de l'une de nos procédures les plus importantes et les plus pratiques, la Saisie immobilière. Après en avoir rapidement retracé l'histoire, je passerai en revue les principales modifications de forme proposées à cette procédure par le récent projet déposé par le Gouvernement, en recherchant les avantages ou les inconvénients que m'a paru présenter chacune d'elles.

Loin de moi, d'ailleurs, la pensée de me poser ici en réformateur d'une procédure que tant de grands esprits ont depuis si longtemps cherché à améliorer, sans avoir encore pu s'accorder sur les moyens à employer pour y parvenir. J'ai trop conscience de mon inexpérience pour avoir une pareille prétention.

Je n'ai choisi ce sujet, qui n'est pas, je l'avoue, des plus passionnants, mais offre tout au moins un intérêt d'actualité incontestable, que dans la persuasion où j'étais que votre bienveillance, dont ma présence à cette barre en cette solennelle circonstance est une nouvelle preuve, saurait suppléer aux qualités qui me manquent pour le bien traiter.

[*]

Dans tous les pays et à toutes les époques, Messieurs, les hommes d'État, les publicistes et les jurisconsultes se sont préoccupés des améliorations à apporter aux règles de la saisie immobilière; et chez nous, notamment, alors que notre procédure est encore, dans son ensemble, régie par le Code de 1806, la procédure spéciale de l'expropriation forcée a déjà subi, depuis le commencement du siècle, plusieurs remaniements.

C'est que la saisie immobilière se rattache, par ses causes et par ses effets, aux plus hautes considérations de crédit public et d'ordre social, et la recherche des règles à établir en cette matière constitue moins, comme on l'a dit, « une question de « droit qu'un problème d'économie politique » (1).

D'une part, en effet, cette procédure rigoureuse qui aboutit à déposséder un propriétaire malgré lui, constitue une atteinte grave à la propriété immobilière, l'une des bases de notre organisation sociale. A ce point de vue, il semble que le législateur ne saurait être trop prudent, et qu'il doit prescrire des formes et des délais suffisants pour permettre au débiteur d'échapper, en se libérant, à la dépossession dont il est menacé.

L'utilité de ces formes et de ces délais apparaît encore dans l'intérêt des tiers, auxquels on doit accorder le temps nécessaire pour faire reconnaître les droits qu'ils peuvent avoir sur l'immeuble saisi.

Mais, d'un autre côté, la saisie immobilière est le moyen mis par la loi à la disposition du créancier pour assurer la réalisation de son gage. Or, il semble indispensable, dans l'intérêt même de la propriété, de rendre cette réalisation aussi prompte que possible, si l'on ne veut pas éloigner de la terre les capitaux nécessaires pour la rendre productive et féconde. Si, sous prétexte de protéger la propriété immobilière, on rend trop dispendieuse et trop compliquée la procédure de l'expropriation forcée, on arrivera fatalement à un résultat opposé à celui que l'on poursuit ; le crédit immobilier sera altéré dans son principe ; le possesseur de capitaux qui trouve chaque jour, dans la multiplicité croissante des opérations industrielles et commerciales, des occasions faciles de placer ses fonds, ne les livrera qu'avec défiance au propriétaire foncier et se dédommagera, par la dureté des conditions qu'il lui imposera, des lenteurs et des difficultés probables de son remboursement. A force de sollicitude pour chaque débiteur, on nuira à tous ceux qui auraient intérêt à le devenir.

L'histoire de notre législation en cette matière nous montre, Messieurs, combien il est difficile d'arriver à la conciliation de ces divers intérêts.

(1) Lavielle, *Études sur l'administration de la justice civile. — Revue critique de législation et de jurisprudence,* t. XVII, p. 13.

— 9 —

Dans notre ancien droit, vous le savez, par suite de la diversité des coutumes et des règlements locaux, il régnait, dans
cette partie de notre législation, une véritable confusion. L'Édit
des Criées, rendu par Henri II, en 1551, avait bien eu pour but
d'établir dans toute la France une procédure uniforme de *saisie
réelle* ou de *décret forcé;* mais il était demeuré inobservé ou
incomplètement suivi dans nombre de provinces qui étaient
restées fidèles à leurs coutumes propres. Cet édit avait d'ailleurs prescrit, pour l'expropriation forcée, des formalités sans
nombre et pour la plupart inutiles, qui, comme le faisait remarquer M. Pascalis, dans son rapport à la Chambre des
Députés, en 1841, « semblaient combinées pour ajouter à la
« ruine des débiteurs honnêtes et fournir à ceux qui ne l'étaient
« pas le moyen de se jouer longtemps des efforts de leurs
« créanciers (1) ».

Le législateur de l'époque intermédiaire voulut réagir contre
cet état de choses. Mais, trop préoccupé des embarras et des
lenteurs des vieilles formules, il ne songea qu'à s'en débarrasser,
et les lois du 9 messidor an III et du 11 brumaire an VII éta-
blirent une simplification excessive de la procédure de l'expropriation forcée.

Il en résulta bientôt un retour vers les anciennes idées ; et
par suite de cette loi générale qui veut qu'un excès amène
presque toujours un excès contraire, les rédacteurs du Code de
procédure, persuadés à leur tour que la loi de brumaire an VII
ne protégeait pas suffisamment la propriété immobilière, s'ap-
pliquèrent à rétablir en grande partie les formalités de l'Édit de
1551. « Le Code de 1806, dit M. Lavielle, dans ses *Études judi-
« ciaires*, fortifia tellement la propriété qu'elle était devenue
« imprenable. Le fait est, du moins, que le siège durait longtemps
« et qu'il s'était formé, dans l'attaque et dans la défense, des
« tacticiens si habiles, que la victoire, souvent indécise, était
« toujours chèrement achetée et ne permettait plus de distin-

(1) Pascalis, *Premier rapport à la Chambre des députés, séance du 9 juin 1840.*
— *Moniteur du 23.*

« guer le vainqueur et le vaincu ruinés l'un et l'autre par les
« frais de la guerre (1) ».

La propriété trop protégée ne trouva plus bientôt ni crédit,
ni acquéreurs, et les dispositions du Code de procédure ne
tardèrent pas à devenir l'objet des critiques unanimes.

Ces légitimes doléances, qui retentirent pendant de longues
années, amenèrent la loi du 2 juin 1841, sur les ventes judiciaires d'immeubles.

Cette loi, très soigneusement élaborée, longuement discutée
à la Chambre des Députés et à la Chambre des Pairs, opéra,
dans la procédure de l'expropriation forcée, une notable amélioration, en abrégeant les délais, et en supprimant un grand
nombre de formalités reconnues inutiles. « Le projet qui vous est
« soumis, disait le rapporteur de la loi à la Chambre des Dépu-
« tés, remplace vingt-trois actes de procédure par douze ; huit
« mois à un an de durée par quatre à huit mois au plus ; une
« dépense de sept à huit cents francs, par une taxe d'environ
« trois cents francs. » Et il ajoutait : « La Commission a
« reconnu qu'il ne serait pas possible de porter plus loin le
« retranchement des formalités et l'abréviation des délais, sans
« donner lieu aux reproches si justement adressés à la loi qui a
« précédé le Code de procédure (2). »

Et cependant, Messieurs, cette réforme a bientôt paru trop
timide.

A mesure que les transactions se sont modifiées et multipliées,
à mesure surtout que, par suite des dispositions de notre Code
civil, la propriété s'est morcelée, on a senti le besoin et on a
réclamé de toutes parts de nouvelles simplifications. La pratique,
en effet, n'a pas tardé à démontrer que la procédure d'expropriation, si allégée qu'elle ait été par la loi de 1841, était encore
très lourde, pour la petite propriété surtout, qui était souvent
écrasée ou absorbée par les frais judiciaires.

---

(1) Lavielle, *op. cit. Revue critique*, t. XVII, p. 14.
(2) Pascalis, *op. et loc. cit.*

Dès 1856, une proposition de loi fut déposée dans le but de créer, pour les petites saisies, une procédure plus simple et plus économique, en conférant aux juges de paix la direction des expropriations d'immeubles dont le revenu cadastral était inférieur à vingt francs. Mais ce système, dont il est facile d'entrevoir les inconvénients et les dangers, et dont la première conséquence aurait été de nécessiter un changement complet dans le mode de recrutement des juges de paix, fut aussitôt abandonné.

D'autres jurisconsultes auraient voulu interdire la saisie immobilière pour une modique créance, par exemple au-dessous de 300 francs, sans une autorisation préalable du juge. Ce procédé, déjà proposé en 1829, avait été repoussé en 1841, sur les observations suivantes de M. Persil, rapporteur de la loi à la Chambre des Pairs : « Pour une petite fortune, ces 300 francs « forment un capital considérable, dans lequel il deviendra « impossible de rentrer si l'on admet une semblable exception. « Tous les biens d'un débiteur sont le gage de son créancier, « de celui à qui il est dû 300 francs, comme du capitaliste qui « en a prêté 3.000 ou davantage. Et cependant ce gage serait « enlevé au petit créancier, puisque, sous ses yeux, le débiteur « jouirait sans pouvoir en être dépouillé. Vainement alors on « ferait intervenir le magistrat ; c'est de la loi que le créancier « doit tenir son droit et non de la justice, qui n'est appelée « qu'à le déclarer, à pourvoir ou à contraindre à son exé- « cution (1). »

Ce système en effet, Messieurs, paraît inadmissible, en présence du « principe inexorable de l'unité de la loi, de la foi « des engagements, de la force du droit et de la liberté de « l'exercer (2) ».

En 1862, une grande commission fut instituée au ministère de la justice pour préparer une révision totale du Code de pro-

(1) Persil, *Premier rapport à la Chambre des Pairs, séance du 23 mars 1840,* Dalloz, R. A., *v° Vente pub. d'imm.*, p. 563.
(2) Lavielle, *op. et loc. cit.*

cédure. La sous-commission chargée de réformer les voies d'exécution s'attacha surtout à modifier, en les simplifiant, les formes de la saisie immobilière. Son travail fut soumis au Conseil d'État en 1868 et l'on put un instant espérer que la réforme si impatiemment désirée allait enfin aboutir. Malheureusement les événements de 1870 empêchèrent ces travaux de venir en discussion devant le Corps législatif, et l'œuvre de la Commission parut pour longtemps ajournée.

Toutefois, Messieurs, la nécessité de diminuer les frais excessifs qu'entraînait la vente judiciaire des immeubles de peu d'importance se faisait de plus en plus sentir. Les statistiques publiées annuellement au ministère de la justice démontraient que ces frais, relativement peu considérables pour les immeubles d'une certaine valeur, étaient écrasants pour les petites propriétés. Il résultait notamment de ces statistiques que, dans les adjudications dont le prix était inférieur à 500 francs, les frais s'élevaient à 125 p. 100 de ce prix ; lorsque le montant de l'adjudication était supérieur à 500, mais inférieur à 1.000 francs, les frais s'élevaient à 55 p. 100 du prix ; entre 1.000 et 2.000 francs la proportion était encore de 25 p. 100.

Tout le monde sentait la nécessité d'apporter à cette situation déplorable un remède immédiat. Un projet fut déposé le 17 mai 1876, dans le but de diminuer les frais énormes qui pesaient sur les petites ventes, par M. Dufaure, alors ministre de la Justice, et après bien des discussions et des contre-projets, une loi fut enfin votée, le 23 octobre 1884, qui, sans toucher aux principes essentiels du Code, vint au secours de la petite propriété en simplifiant les formes et en réduisant les frais des ventes judiciaires en général et de la saisie immobilière en particulier, toutes les fois que le prix d'adjudication est inférieur à 2.000 francs.

Aux termes de cette loi, vous le savez, Messieurs, dans toute vente judiciaire dont le prix d'adjudication n'atteint pas 2.000 francs, les droits de timbre, d'enregistrement, de greffe et d'hypothèque, perçus par le Trésor, doivent être restitués ; et dans celles dont le prix d'adjudication est inférieur à 1.000 francs, les agents de la loi qui ont concouru à la vente, c'est-à-dire les conservateurs des hypothèques, les greffiers, les avoués et les huissiers, doivent en outre subir une réduction du quart sur leurs émoluments. D'autre part, lorsque la mise à prix est inférieure à 2.000 francs, le tribunal devant lequel se poursuit la vente est autorisé à restreindre les publications ordinaires. Enfin, au cas où le prix d'adjudication est inférieur à 2.000 francs, la loi prescrit aux greffiers de ne délivrer à l'acquéreur qu'un extrait du jugement d'adjudication, contenant seulement les énonciations nécessaires pour la transcription.

Cette loi, dont les dispositions sont assurément bien conçues, est malheureusement souvent mal appliquée dans la pratique. C'est ainsi notamment que dans nombre de tribunaux la limitation des frais de publication n'est jamais ordonnée; dans d'autres, certains agents de la loi se refusent à subir la réduction du quart de leurs émoluments.

Aussi la loi de 1884 n'a-t-elle pas donné tous les résultats qu'on était en droit d'en attendre. Il n'est pas rare, encore aujourd'hui, de voir des ventes sur saisie dans lesquelles le prix d'adjudication suffit à peine à payer tous les frais. Et malgré les efforts tentés par le législateur pour l'améliorer, notre procédure d'expropriation est encore l'une de celles qui soulèvent à l'heure actuelle les critiques les plus vives.

Les auteurs des récents projets de réforme du Code de procédure ne pouvaient évidemment, Messieurs, rester indifférents à ces réclamations; ils ont pensé qu'il était nécessaire, pour y faire droit, de simplifier encore une fois les formes mêmes de la saisie immobilière.

Ce système, qui apparaît assurément comme le moyen le plus logique d'arriver à diminuer les lenteurs et les frais de l'expropriation, n'est malheureusement pas sans difficultés et sans dangers. Si l'on réfléchit, en effet, à la diversité des intérêts en jeu dans cette procédure, on est bien obligé de reconnaître qu'on ne peut pas en simplifier indéfiniment les formes, sans risquer de compromettre certains de ces intérêts ; et en examinant avec soin les règles tracées en cette matière par le législateur, on s'aperçoit bien vite que chacune de ces règles correspond, en général, à la nécessité de sauvegarder un droit, et que telle formalité qui, dans certains cas, paraît inutile et superflue, peut être, dans telle autre hypothèse, absolument indispensable.

Toutefois, Messieurs, il est bien certain qu'on peut encore réaliser dans notre procédure d'expropriation de réelles améliorations ; mais je crois qu'il ne faut agir dans la voie des simplifications qu'avec une grande prudence, et que le désir de réformer et d'abréger ne doit pas faire perdre de vue au législateur qu'il a mission de sauvegarder tous les intérêts.

L'examen des différentes réformes proposées en cette matière va me permettre de rechercher dans quelle mesure il est possible de réaliser ces améliorations.

Je ne m'arrêterai pas, Messieurs, à l'examen des modifications contenues dans la proposition de loi de MM. Dupuy-Dutemps, Brisson et Pourquery de Boisserin. Ces modifications, en effet, sont pour la plupart subordonnées à une refonte complète de notre régime hypothécaire ; or cette réforme, assurément très désirable, et depuis longtemps réclamée, ne semble malheureusement pas près d'aboutir ; les essais déjà tentés n'ont servi qu'à mieux révéler toutes les difficultés de cette vaste entreprise, et j'ai pensé qu'il serait au moins prématuré et peut-être oiseux de se livrer à l'étude d'un projet qui repose sur des bases aussi incertaines et aussi hypothétiques.

Je me bornerai donc à examiner les principales réformes proposées par le projet du Gouvernement.

La procédure de l'expropriation, Messieurs (vous me pardonnerez de vous rappeler ces détails un peu techniques .....), comporte deux phases bien distinctes : La première a pour but de mettre les biens du débiteur sous la main de la justice et comprend actuellement quatre formalités : 1º Le commandement; 2º le procès-verbal de saisie; 3º La dénonciation de ce procès-verbal au débiteur; 4º La transcription au bureau des hypothèques du procès-verbal et de sa dénonciation. L'ensemble de ces formalités constitue la saisie proprement dite.

La deuxième phase comprend les formalités nécessaires pour parvenir à la vente, c'est-à-dire : 1º La rédaction et le dépôt au greffe du cahier des charges; 2º Les sommations au saisi et aux créanciers inscrits et leur mention en marge de la transcription de la saisie; 3º La publication du cahier des charges; 4º Les insertions et affiches; 5º Enfin le jugement d'adjudication.

Le projet déposé par le Gouvernement apporte aux formalités constitutives de la première phase de cette procédure des modifications importantes.

Une première simplification est tout d'abord proposée en ce qui concerne les écritures que doit contenir le commandement. D'après l'article 673 actuel du Code de procédure, le commandement, préliminaire indispensable de toute saisie immobilière, doit, dans tous les cas, contenir la *copie entière* du titre en vertu duquel la saisie est poursuivie. Les rédacteurs du projet ont pensé, avec raison, je crois, que cette notification onéreuse est inutile quand le titre a déjà été signifié. Aussi proposent-ils de décider que, dans ce cas, le commandement devra se borner à rappeler la date et la nature du titre, ainsi que le montant de la dette dont le paiement est réclamé. C'est là une économie d'écritures et de timbre qui pourra être assez considérable lorsqu'il y aura plusieurs débiteurs.

Lorsque le titre n'a pas déjà été signifié, comme il importe que le débiteur soit clairement averti des circonstances et de l'étendue de son obligation, le projet maintient la nécessité de donner copie du titre dans le commandement, mais il supprime, même dans ce cas, l'obligation de donner copie de l'origine de propriété qu'il pourrait contenir et qui semble en effet superflue.

Après cette simplification toute de détail, le projet en propose une autre qui constitue l'un des points les plus importants de la réforme et aboutit à supprimer deux actes de la procédure : le procès-verbal de saisie et sa dénonciation.

Pour réaliser cette simplification, les auteurs du projet décident que le commandement devra désormais contenir la désignation des biens sur lesquels portera la saisie. Cette désignation sera établie, sans transport nécessaire de l'huissier sur les lieux, par le créancier poursuivant, d'après les indications que lui fournira son titre ou les renseignements qu'il pourra se procurer par ailleurs. Et c'est ce commandement qu'on pourra faire transcrire, à défaut de paiement au bout de trente jours, et qui vaudra saisie des biens qui y seront désignés.

Quelque séduisante, Messieurs, que paraisse cette innovation, il me semble difficile de l'approuver.

Il est indispensable, en effet, d'établir d'une façon exacte et certaine la désignation des biens à saisir; c'est là un des points essentiels de la procédure d'expropriation. Il est du plus grand intérêt pour tous que cette désignation soit bien faite, puisqu'elle est destinée à figurer dans le cahier des charges et plus tard dans le jugement d'adjudication qui constituera le titre de propriété de l'adjudicataire. Or comment assurer, sans un transport sur les lieux, l'exactitude de cette désignation ?

Sans doute, il pourra se présenter des cas exceptionnels où le poursuivant possédera les éléments nécessaires pour l'établir ; mais il est certain que dans la plupart des hypothèses il sera nécessaire de se transporter sur le terrain même des biens saisis, pour pouvoir relater exactement toutes les mentions prescrites par la loi. Dans combien de cas ne sera-t-il pas, par exemple, impossible au poursuivant d'indiquer exactement la nature des bâtiments et les tenants et aboutissants des pièces de terre? Il est très rare, en effet, qu'un créancier habite sur les lieux mêmes des biens qu'il veut saisir; et comme on ne peut pas l'obliger à faire à ses frais un déplacement pour se procurer les renseignements exigés par la loi, il sera presque toujours tenu de se contenter, pour établir sa désignation, des indications que contiendra son titre. Mais si ce titre est un jugement, quelles indications y trouvera-t-on pour la désignation? Et même si c'est un acte d'obligation avec effectation hypothécaire, sera-t-on toujours assuré de l'exactitude de la désignation qu'il contient? Il arrive journellement que les immeubles qu'on veut saisir ont changé de nature ou d'aspect depuis le jour où le débiteur les a hypothéqués. Tantôt des constructions nouvelles ont été élevées, qu'il est indispensable de mentionner clairement dans la désignation; tantôt les immeubles voisins ont changé de propriétaires, de sorte que les tenants et les aboutissants ne sont plus les mêmes que ceux indiqués dans l'acte d'obligation. Qui ne voit dès lors, Messieurs, dans cette suppression du transport sur les lieux, une source féconde d'erreurs et de difficultés de toutes sortes qu'il est du plus grand intérêt d'éviter, sous peine d'éloigner les acquéreurs?

Les auteurs du projet croient répondre à cette objection en disant que la désignation pourra être rectifiée par des dires portés à la suite du cahier des charges. Mais outre que ces dires ne pourront être faits sans frais, ils entraîneront plus tard la nécessité d'un jugement pour les approuver. Souvent même ces rectifications n'auront lieu qu'à la suite d'incidents coûteux qui auront été soulevés par des tiers, de sorte qu'en définitive il y a tout lieu de penser que la suppression du procès-verbal, au lieu de constituer une économie sera, dans la plupart des saisies, la source d'une augmentation souvent considérable de lenteurs et de frais.

D'ailleurs, même en faisant abstraction des incidents que pourront faire naître les inexactitudes probables d'une désignation établie par le créancier poursuivant, et en supposant exacte

cette désignation, l'économie réalisée sera-t-elle bien considérable? Je ne le crois pas, et vous allez voir que l'innovation proposée pourra même souvent donner lieu à une augmentation de dépenses.

D'une part, en effet, il faudra toujours que le commandement contienne évidemment, sur l'original et sur la copie, toutes les énonciations que devrait contenir le procès-verbal de saisie. Au point de vue du timbre et des écritures l'économie sera donc en général peu appréciable.

D'autre part, supposons, ce qui est fréquent en pratique, qu'il y ait plusieurs débiteurs, domiciliés dans des arrondissements différents : d'après le Code de procédure actuel, il n'y a jamais, dans ce cas, qu'un seul procès-verbal de saisie; si l'on admet au contraire la réforme proposée par le projet, le commandement devra être fait en autant d'originaux qu'il y aura de débiteurs domiciliés dans des arrondissements différents. Or chacun de ces originaux devra contenir nécessairement la désignation des biens saisis et toutes les autres énonciations prescrites par la loi, d'où augmentation d'écritures et de timbre. Enfin il faudra bien faire transcrire aux hypothèques chacun de ces originaux, pour constater que toutes les parties ont été touchées, ce qui pourra doubler ou tripler, suivant les circonstances, le coût de la transcription.

N'est-il pas dès lors évident, Messieurs, que cette prétendue simplification exposerait les parties dans nombre d'hypothèses, à des dépenses bien supérieures à celle du transport de l'huissier sur les lieux, qui serait en définitive la seule économie qu'on réaliserait en supprimant le procès-verbal de saisie?

Enfin, je dois également faire remarquer que, dans l'esprit du législateur, le commandement n'est qu'une mise en demeure, une menace d'exécution, qui, par suite, doit être rendue aussi légère que possible pour le débiteur. Il arrive très souvent, d'ailleurs, que ce débiteur s'exécute après un simple commandement, et il serait assurément injuste de lui faire supporter, sous prétexte de lui donner un avertissement, les frais relativement considérables qu'entraînerait désormais cet acte, si l'on admettait la réforme proposée.

Il me semble donc nécessaire, à ces divers points de vue, de conserver le procès-verbal de saisie. Toutefois, je crois que l'on pourrait sans inconvénients en supprimer certaines énonciations.

Le projet propose dans cet ordre d'idées de remplacer le pouvoir spécial, actuellement nécessaire à l'huissier pour saisir immobilièrement, par la mention sur l'original et sur la copie du commandement, du *bon pour pouvoir*, signé du poursuivant. Cette simplification ne peut être qu'approuvée; seulement, au lieu d'exiger cette mention sur le commandement, je l'exigerais sur le procès-verbal.

D'autre part, il me semble qu'il n'y aurait pas grand inconvénient non plus à supprimer l'obligation imposée par la loi actuelle et maintenue par le projet, de retirer des extraits du rôle de la contribution foncière pour les biens saisis et, *a fortiori*, celle de donner copie littérale de ces extraits dans le procès-verbal. Vous n'ignorez pas, Messieurs, que la plupart du temps, par suite de l'irrégularité des mutations, les énonciations de la matrice cadastrale ne correspondent point à l'état exact et réel de la propriété. Bien souvent on est obligé de faire des recherches aux noms des anciens propriétaires pour établir l'extrait prescrit par la loi, et encore n'arrive-t-on pas toujours à fournir le relevé exact de tous les immeubles saisis. Aussi je crois qu'étant donné l'état actuel de notre cadastre, tant qu'il n'aura pas été révisé et qu'il ne constituera pas une preuve de la propriété, l'obligation de retirer des extraits du rôle de la contribution foncière et d'en donner copie littérale dans le procès-verbal de saisie est inutile et pourrait être supprimée sans inconvénient.

Ces simplifications, Messieurs, permettront de réduire sensiblement le coût du procès-verbal de saisie et diminueront par là même l'intérêt qu'on pourrait trouver à sa suppression.

Il reste, il est vrai, la dénonciation de la saisie, qui est supprimée par le projet et qu'il sera nécessaire de conserver, si l'on maintient le procès-verbal. Cette formalité sera en effet indispensable pour faire connaître au débiteur quels biens ont été saisis et lui permettre de voir s'ils l'ont été régulièrement.

Mais je ne crois pas qu'il y ait lieu de regretter le maintien de cette formalité. Avant d'atteindre le débiteur dans son crédit, en rendant publique la saisie de ses biens, il semble juste, en effet, de l'avertir que le commandement qui lui avait été signifié n'est pas demeuré une vaine menace, qu'il y a eu saisie et que s'il ne l'exécute pas, cette saisie va être transcrite et ses biens frappés d'indisponibilité.

Vous savez d'ailleurs, Messieurs, que les différents projets de réforme du Code de procédure proposent tous, au titre des ajournements, de se servir pour la transmission des exploits de l'intermédiaire de la poste. Or si ce procédé, qui présente en effet de réels avantages, était admis, le coût des exploits de dénonciation de saisies serait notablement réduit et, partant, la suppression de cette formalité n'aurait plus l'avantage d'économie qu'elle semble aujourd'hui présenter.

Je ne crois pas non plus qu'il faille prendre en considération l'abréviation de délais qui résulterait de la double suppression proposée par le projet. Sans doute, il peut aujourd'hui s'écouler quinze jours entre la confection du procès-verbal de saisie et sa dénonciation et quinze autres jours entre cette dénonciation et la transcription. Mais ces délais constituent un maximum qu'il est loisible au poursuivant de réduire s'il croit y avoir avantage. Si le créancier a hâte d'arriver à la réalisation de son gage, s'il voit qu'il est véritablement impossible au débiteur de se libérer et inutile par conséquent de lui accorder de nouveaux délais, rien ne l'empêche, et cela se fait journellement, de faire dénoncer immédiatement la saisie à ce débiteur et de faire transcrire aussitôt aux hypothèques le procès-verbal et sa dénonciation. Cette double formalité peut très bien être faite en quelques jours, et dès lors il est évident qu'on ne saurait sérieusement invoquer en faveur de la réforme que je combats, l'économie de temps qu'elle permettrait de réaliser.

La transcription, Messieurs, termine la première phase de la procédure d'expropriation. Désormais la saisie proprement dite est consommée et les immeubles du débiteur sont placés définitivement sous la main de la justice.

Cet instant de la procédure est le point de départ de modifications importantes dans les droits du saisi; c'est ainsi qu'à partir de la transcription il perd la jouissance et la disposition de son immeuble; ses créanciers peuvent même lui en enlever l'administration, et s'ils la lui abandonnent, c'est à la condition qu'il administrera désormais pour leur compte, et à titre seulement de séquestre judiciaire.

Je n'ai pas à entreprendre ici l'étude de ces divers effets de la saisie, qui d'ailleurs ne sont pas sensiblement modifiés par le projet du Gouvernement. Je dois me borner aux modifications apportées par ce projet aux formes mêmes de la saisie, aussi j'arrive immédiatement à l'examen de la deuxième phase de la procédure d'expropriation, celle qui comprend les formalités nécessaires pour parvenir à la vente.

La première de ces formalités, Messieurs, est la rédaction du cahier des charges, qui a pour but de fixer les conditions de l'adjudication.

Cet acte est aujourd'hui l'un des plus coûteux de la procédure de saisie. Parmi les diverses énonciations qu'il doit contenir, en effet, figurent actuellement, aux termes de l'article 690 C. pr., « les conditions de la vente ». Or cette expression très élastique a donné lieu dans la pratique à un abus qui consiste à insérer, dans le cahier des charges, des clauses générales, parfaitement inutiles d'ailleurs, mais ordinairement très longues, qui ne servent qu'à en augmenter le volume.

D'autre part, ce cahier des charges doit être rédigé en écriture grossoyée. Or, si cette prescription a l'avantage de favoriser le trésor, en nécessitant une dépense relativement considérable de timbre, et de fournir une base pour le calcul des honoraires à allouer aux officiers ministériels, elle a en revanche l'inconvénient d'être très onéreuse pour les parties, sans présenter d'ailleurs aucune utilité.

L'article 16 du projet a très heureusement remédié à cet inconvénient, en proposant de décider que le cahier des charges devra être rédigé en minute, et qu'on ne devra y insérer que les conditions particulières de la vente, celles qui dérogent au droit commun.

De plus, il réduit de 20 à 15 jours le délai dans lequel le cahier des charges devra être déposé au greffe par l'avoué du poursuivant.

Il n'est apporté que des modifications de détail en ce qui concerne les sommations à faire au saisi et aux créanciers inscrits, pour les inviter à prendre communication du cahier des charges et à y insérer les observations qu'ils jugeront convenables. Ces sommations et la mention qui doit en être faite en marge de la transcription de la saisie sont indispensables pour lier les créanciers à la procédure et éviter plus tard la nécessité d'une purge, et il ne semble guère possible d'en simplifier les formes. Le projet réalise toutefois une légère économie en remplaçant l'exploit de dénonciation de ces sommations au Procureur de la République, par la remise à ce magistrat d'une simple copie sans frais.

En revanche, il est une autre formalité, actuellement exigée par le Code de procédure, dont il est difficile d'établir l'utilité : je veux parler de la publication du cahier des charges.

Vous avez tous pu constater, Messieurs, en quoi consiste pratiquement cette prétendue publication. A l'audience fixée à cet effet, l'huissier ou le greffier se borne à lire, d'une voix généralement inintelligible, l'intitulé du cahier des charges et la mise à prix ; quant à la désignation et aux clauses et conditions de la vente, il n'en est presque jamais question, et tout le monde est d'accord pour reconnaître que cette lecture, rarement écoutée et plus rarement encore entendue, ne donne à l'adjudication qu'une publicité illusoire. Aussi ne peut-on qu'approuver la disposition du projet qui supprime cette inutile formalité.

Cette suppression est d'ailleurs d'autant plus avantageuse qu'elle fera disparaître aussi, dans la plupart des saisies, la nécessité dispendieuse du jugement de lecture, aujourd'hui indispensable pour donner acte de la publication du cahier des charges et fixer le jour de la vente.

D'après le projet, en effet, les sommations au saisi et aux créanciers inscrits devront contenir la fixation d'une audience *éventuelle* pour statuer sur les dires que les intéressés auraient pu insérer à la suite du cahier des charges, et en outre la *fixation des jour et heure de l'adjudication*. De telle sorte que si, trois jours avant la date fixée pour l'audience éventuelle, il n'y a eu au cahier des charges ni dires ni observations, il ne sera besoin ni d'audience ni de jugement.

Cette heureuse combinaison, Messieurs, qui ne compromet aucun intérêt, permettra de réaliser, dans la plupart des cas, une notable économie. Toutefois, il est évidemment nécessaire, pour atteindre ce résultat, de diminuer, autant que possible, la probabilité des dires rectificatifs du cahier des charges ; et c'est pourquoi je disais, en combattant la suppression du procès-verbal de saisie proposée par le projet, que cette réforme exposerait souvent les parties à une augmentation de frais, puisque les inexactitudes probables de la désignation établie par le poursuivant dans le commandement nécessiteraient presque toujours des rectifications et par conséquent une décision judiciaire pour les approuver.

A côté de cette simplication de formes, Messieurs, les rédacteurs du projet proposent, dans cette partie de la procédure, une augmentation de délais qui me semble critiquable.

D'après le Code de procédure actuel, les sommations au saisi et aux créanciers inscrits doivent être faites, à peine de nullité, dans les huit jours qui suivent le dépôt du cahier des charges, et la lecture de ce cahier trente jours au plus tôt et quarante jours au plus tard après ce même dépôt. Or le projet, après avoir porté de huit à quinze jours le délai pour faire les sommations, décide que l'audience éventuelle où seront jugés les dires ne pourra être que la première audience *utile* après le trentième jour de la dernière sommation, ce qui peut reculer cette audience après le 50ᵐᵉ jour du dépôt. Je ne vois guère l'utilité d'accroître ainsi la longueur d'une procédure dont tout le monde s'accorde déjà à déplorer les indispensables lenteurs, et il me semble préférable de maintenir les délais actuels qui sont bien suffisants pour permettre aux intéressés de faire au cahier des charges les observations qui leur paraîtront nécessaires.

Les articles 22 et 23 du projet réalisent une amélioration qui touche au fond du droit, en assimilant la situation du co-échangiste à celle du vendeur, en ce qui concerne l'action résolutoire, et en appliquant la même règle à l'action en folle enchère qui, sous l'empire de notre loi actuelle, ne peut être purgée ; mais ils apportent en même temps dans la procédure une modification qui peut, dans certains cas, éviter des frais inutiles. Aujourd'hui, la demande en résolution des précédents vendeurs de l'immeuble saisi peut être utilement formée jusqu'à l'adjudication, c'est-à-dire qu'elle peut être admise alors que tous les frais de publicité ont déjà été exposés. Le projet fait disparaître cet inconvénient en décidant que le vendeur et le co-échangiste seront déchus, à l'égard de l'adjudicataire, du droit d'exercer leur demande en résolution, s'ils ne l'ont pas formée et fait mentionner à la suite du cahier des charges trois jours au moins avant l'audience éventuelle qui aura été fixée dans les sommations ; et la même déchéance est appliquée en ce qui concerne la poursuite en folle enchère.

Enfin le projet simplifie les formes de la demande en résolution qui devra être instruite comme les demandes en distraction, et décide en outre, avec raison, que cette demande devra toujours être portée devant le tribunal où se poursuit la saisie.

Lorsque le cahier des charges est définitivement arrêté, Messieurs, il faut porter la vente à la connaissance du public pour attirer les enchérisseurs. La publicité est assurément encore l'une des formalités essentielles de la procédure d'expropriation, puisqu'elle a pour but de provoquer l'élévation du prix qui doit servir à désintéresser les créanciers, et par conséquent à libérer le débiteur, mais c'est en même temps l'une des plus dispendieuses, et les réformateurs du Code de procédure devaient nécessairement se préoccuper d'en diminuer les frais.

Le projet déposé par le Gouvernement réalise, en effet, dans ce sens certaines améliorations.

Il supprime tout d'abord la nécessité du timbre et de l'enregistrement pour l'exemplaire du journal qui doit justifier de l'insertion. La date que porte le journal semble en effet suffisante pour constater que l'insertion a été faite dans les délais prescrits par la loi, et la formalité de l'enregistrement n'a évidemment, dans ce cas, qu'un intérêt purement fiscal.

D'autre part, le projet restreint le nombre des endroits où il sera nécessaire d'apposer des placards sur timbre.

Enfin l'apposition de ces placards ne sera plus constatée que par une attestation mise par l'afficheur au bas de l'un d'eux, visée par les maires des communes où l'apposition aura eu lieu, et délivrée sans frais. On remplace ainsi avantageusement, et sans danger en raison du visa des maires, les procès-verbaux d'huissier, souvent très coûteux, qui sont actuellement nécessaires pour certifier l'apposition des placards.

Une sage disposition permet en outre au président du tribunal, par simple ordonnance rendue sur la requête du poursuivant, de restreindre encore la publicité légale, comme aussi d'autoriser une publicité supplémentaire, suivant la nature ou la valeur des biens saisis.

Ces simplifications, Messieurs, permettront de réaliser dans cette partie de la procédure une économie appréciable.

Peut-être serait-il également avantageux d'établir dans le ressort de chaque tribunal un journal unique d'annonces judiciaires. Il est probable, en effet, que, pour être désignés, les journaux feraient quant au prix des propositions très modérées, et qu'on arriverait ainsi à diminuer sensiblement le coût des insertions, en même temps qu'on assurerait aux annonces judiciaires une publicité efficace.

J'arrive à une dernière réforme proposée par le projet qui consiste à autoriser le renvoi de la vente devant un notaire ou devant un seul juge.

Aujourd'hui toutes les adjudications sur saisie immobilière se font à la barre du tribunal. Il n'y a qu'au cas où la saisie est convertie en vente volontaire que le tribunal peut, et ce n'est qu'une faculté pour lui, ordonner le renvoi de cette vente devant un notaire.

Et cependant, Messieurs, la pratique a démontré que lorsqu'elles ont lieu devant notaire, les ventes atteignent presque toujours un prix plus élevé que lorsqu'elles sont faites devant le tribunal. Cela est surtout vrai pour les ventes de minime importance, lorsque les immeubles sont très divisés ou situés à une certaine distance du lieu où siège le tribunal. On a constaté en effet que beaucoup de personnes, surtout parmi les gens de la campagne, éprouvent toujours, à tort ou à raison, une certaine appréhension à se présenter devant la justice, même lorsqu'il ne s'agit que de s'y porter enchérisseurs. L'appareil judiciaire les intimide. De plus, la nécessité de choisir un avoué pour mettre des enchères, la crainte des frais auxquels cette obligation les expose, et surtout la crainte de faire, inutilement peut-être, des déplacements parfois dispendieux et presque toujours préjudiciables, font que bien souvent il ne se présente, pour les ventes en justice peu importantes, qu'un très petit nombre d'acquéreurs et que, partant, les immeubles ne se vendent pas à leur véritable valeur, au grand préjudice de tous les intéressés.

L'expérience a prouvé, au contraire, que lorsque la vente est faite sur les lieux et devant un notaire auquel les personnes du pays ne craignent pas de demander tous les renseignements nécessaires, l'adjudication se fait presque toujours à des conditions beaucoup plus avantageuses.

Le projet, Messieurs, tenant compte de ces constatations pratiques, propose et c'est là, je crois, une heureuse innovation, d'autoriser le tribunal, sur la simple demande du créancier poursuivant, à renvoyer les adjudications sur saisie immobilière devant un ou plusieurs notaires, s'il estime que la vente sur les lieux pourra être plus avantageuse en raison de la valeur peu considérable, du morcellement ou de la situation des immeubles. Cette demande devra être formulée par un dire inséré à la suite du cahier des charges trois jours au moins avant l'audience éventuelle et il y sera statué, à cette même audience, par un jugement non susceptible de recours.

Pour que ce renvoi de la vente ne soit pas d'ailleurs une cause d'augmentation de frais en nécessitant la rédaction par le notaire d'un nouveau cahier des charges, le projet décide que l'avoué poursuivant devra insérer, à la suite de celui par lui rédigé, un dire contenant l'énonciation des décisions rendues par le tribunal et que ce cahier des charges ainsi complété et rectifié sera transmis, par le greffier, et sous pli recommandé, au notaire qui lui en adressera récépissé et le mettra lui-même au rang de ses minutes, sans acte de dépôt.

Enfin si le tribunal ne renvoie pas la vente devant un notaire, le projet lui accorde la faculté soit de retenir la vente à sa barre, soit de commettre un juge qui procédera seul à l'adjudication dans tout lieu que le tribunal aura désigné.

J'ai ainsi terminé, Messieurs, l'examen des principales modifications proposées par le projet du Gouvernement aux formes de la saisie immobilière, car il n'est rien innové en ce qui concerne les formalités de l'adjudication et la rédaction du jugement qui en constate l'accomplissement.

Telles qu'elles m'ont paru acceptables, ces modifications se résument aux suivantes :

Diminution des écritures du commandement et du procès-verbal de saisie.

Suppression du pouvoir nécessaire à l'huissier pour saisir, et j'ai ajouté suppression des extraits du rôle de la contribution foncière.

Simplification du cahier des charges.

Suppression de la publication de ce cahier et de l'audience de lecture qui n'est maintenue qu'à titre éventuel et pour le cas seulement où il y aurait des dires sur lesquels il serait nécessaire de statuer.

Simplification notable des formalités de publicité.

Enfin possibilité de renvoi de la vente devant un notaire ou devant un seul juge.

Il est une autre réforme, Messieurs, qui a souvent été présentée comme le véritable moyen de diminuer les frais de l'expropriation et sur laquelle je dois m'expliquer en quelques mots pour compléter cette étude, car elle a fait l'objet de diverses propositions émanées de l'initiative parlementaire, je veux parler du rétablissement de la clause de voie parée.

Cette clause, vous le savez, est actuellement prohibée par l'article 742 du Code de procédure civile, qui a été introduit dans notre législation en 1841 et qui est ainsi conçu : « Toute « convention portant qu'à défaut des engagements pris envers « lui le créancier aura le droit de faire vendre les immeubles « de son débiteur sans remplir les formalités prescrites pour « la saisie immobilière est nulle et non avenue. »

Sous l'empire du Code de 1806, la clause de voie parée, imaginée par les praticiens pour soustraire les parties à l'extrême complication des formalités alors en usage pour l'expropriation forcée, avait été validée en principe par la jurisprudence en l'absence d'un texte de loi nettement prohibitif ; les tribunaux ne l'annulaient que lorsqu'ils y pouvaient découvrir une fraude. Toutefois certaines décisions judiciaires laissaient facilement entrevoir que les magistrats n'admettaient souvent qu'à regret la validité d'une stipulation dont ils ne pouvaient s'empêcher de reconnaître les dangers; et lorsque, au cours de l'élaboration de la loi de 1841, on agita la question de savoir si l'on ne devait pas prohiber par une disposition formelle la voie parée, toutes les commissions consultées, et notamment celle de la Cour de cassation elle-même, se prononcèrent dans le sens de la prohibition.

Et cependant, Messieurs, ce n'est qu'à la suite d'une longue discussion et après une première épreuve douteuse que l'article 742 fut voté à la Chambre des députés où des hommes éminents l'ont vivement combattu.

Depuis cette époque, cette disposition a fait l'objet de bien des polémiques et soulevé des critiques nombreuses et aujourd'hui encore d'excellents esprits en demandent la suppression.

« Je me souviens, — disait en ce sens M. Serrigny, professeur « à la Faculté de droit de Dijon, en 1850, — avoir vu dans ma « jeunesse les diligences ou les messageries publiques attendre « les voyageurs ; alors ceux-ci n'arrivaient jamais à l'heure du « départ ; aujourd'hui les wagons des chemins de fer partent à « heure fixe, et je remarque que les voyageurs sont toujours « arrivés avant l'heure du départ. Il en serait de même des dé- « biteurs, s'ils savaient qu'à défaut de paiement ils seraient « privés d'une propriété qui peut avoir une valeur plus consi- « dérable que celle de leurs créances (1). »

Sans doute, Messieurs, il y a du vrai dans ces paroles; il est certain que bien souvent les débiteurs sont d'autant plus inexacts dans leurs paiements que leurs créanciers se montrent moins exigeants à l'échéance. Mais je ne crois pas cependant qu'on doive partir de ce principe pour établir les règles de l'expropriation forcée. Un pareil raisonnement conduirait immédiatement au rétablissement du pacte commissoire permettant au créancier de s'approprier ou de faire vendre sans aucune formalité, à défaut de paiement à l'échéance, les biens de son dé-

---

(1) Serrigny, *Des vices de notre législation au point de vue du Crédit Foncier. Revue de droit français et étranger*, 1850, p. 310.

biteur. Or, il est facile d'entrevoir les inconvénients et les dangers d'une semblable stipulation. Comme dit Troplong, dans son
Traité du Nantissement, « un tel pacte est vexatoire ; il est un
« abus du plus fort sur le plus faible, une odieuse spéculation
« de celui qui a, sur celui qui éprouve une nécessité d'argent...,
« il est immoral, parce que rien n'est plus contraire aux
« bonnes mœurs que de tirer parti de la faiblesse d'un débiteur
« aux abois et de s'enrichir à ses dépens (1) ».

Aussi, Messieurs, personne ne demande aujourd'hui l'aboli-
tion pure et simple de l'article 742 C. pr. Tout le monde sent
qu'il est nécessaire, sous peine de mettre le débiteur à la merci
d'un créancier plus ou moins scrupuleux, de prescrire, pour
l'expropriation, certaines formalités et les partisans de la voie
parée eux-mêmes s'accordent à reconnaître la nécessité d'un
commandement préalable, d'une vente aux enchères, par devant
notaire, après un certain délai et une publication par affiches et
dans les journaux.

Mais il est facile de se rendre compte que ces précautions,
tout en présentant certaines garanties, sont encore insuffisantes
pour assurer à tous les intéressés la sécurité à laquelle ils ont
droit. Qui ne voit notamment les inconvénients qu'il pourrait
y avoir à abandonner aux contractants le choix du notaire et
du lieu de la vente ; à confier à ce notaire, qui serait ordinairement celui du créancier, la rédaction du cahier des charges ; et
à laisser les autres créanciers inscrits en dehors de la poursuite ?
Il est évident qu'à ces divers points de vue les propositions qui
rétablissent la clause de voie parée nécessiteraient des modifications et des compléments. Certains partisans de cette clause
l'ont compris et ont proposé de confier au président du tribunal
la désignation du notaire et du lieu de l'adjudication, et de décider que le cahier des charges serait communiqué au ministère
public et que l'on devrait appeler les autres créanciers.

Mais alors, Messieurs, la procédure conventionnelle qui
serait ainsi créée, ne serait ni plus rapide, ni plus simple que la

---

(1) Troplong, *Traité du nantissement, du gage et de l'antichrèse*, n°⁵ 379 et 381.

procédure ordinaire et légale d'expropriation, et il semble que M. de Vatimesnil avait bien raison de dire, en 1850, à l'Assemblée nationale : « C'est une illusion de croire que la voie parée « est plus favorable à la petite propriété. Lors même que « les choses se passent loyalement, cette clause n'offre aucun « avantage sous le rapport du temps, ni sous le rapport des « frais, et lorsque les choses ne se passent pas loyalement, « elle facilite les combinaisons du créancier pour s'emparer à « vil prix des biens de son débiteur (1). »

Les simplifications qui pourraient être apportées aux formes de la saisie immobilière enlèveraient d'ailleurs, Messieurs, au rétablissement de la clause de voie parée toute apparence d'utilité.

Dans la mesure où elles m'ont paru acceptables, en effet, ces simplifications permettraient de terminer la procédure d'expropriation en quatre mois et moyennant une taxe d'environ 250 à 300 francs.

Cette dépense, relativement insignifiante pour les saisies d'immeubles importants, peut, il est vrai, paraître encore considérable pour la réalisation d'immeubles de minime valeur. Mais il ne faut pas oublier que, dans ce cas, la loi du 23 octobre 1884 permettra de la diminuer encore dans une notable mesure et qu'avec une stricte application de ses dispositions, on pourra arriver à réduire à 100 ou 150 francs le coût de l'expropriation. Or si l'on songe, d'une part, aux nombreux agents auxquels il est nécessaire de recourir dans cette procédure (conservateurs des hypothèques, avoués, huissiers, greffiers, imprimeurs et afficheurs), et, d'autre part, aux intérêts multiples qui s'y trouvent engagés, on est bien obligé de reconnaître que cette taxe n'est nullement exagérée et constitue un minimum qu'il paraît difficile de dépasser.

La comparaison des chiffres que je viens de citer montre d'ail-

---

(1) De Vatimesnil, *Rapport à l'Assemblée Nationale au nom de la Commission de la réforme hypothécaire et du Crédit Foncier, sur l'expropriation forcée, la saisie immobilière et la procédure relative aux autres ventes judiciaires (Séance du 25 novembre 1850, Moniteur, Supplément au n° du 26 novembre 1850).*

leurs, Messieurs, que, dans la procédure d'expropriation, et il
en est malheureusement de même dans toutes les procédures,
les droits énormes perçus par le Trésor constituent la plus grosse
partie des frais et que leur suppression seule pourrait permettre de réaliser, en cette matière, de sérieuses économies. Comme
le disait, en effet, il y a quelques années, un ancien avoué près
le tribunal de la Seine « le médecin qui peut guérir la plaie des
« frais judiciaires, ce n'est pas le ministre de la Justice, c'est
« le ministre des Finances ; c'est le tarif qui rend le Code de pro-
« cédure malfaisant, et le tarif, c'est l'arche sainte de la fisca-
« lité. Abolissez la fiscalité et la procédure deviendra écono-
« mique (1). »

Sans doute, Messieurs, étant donné l'état actuel de nos finances, ce serait peut-être une utopie que de demander la suppression complète d'un impôt qui produit chaque année pour notre
budget une ressource de 30 à 40 millions. Mais il est bien per-
mis d'en espérer au moins la diminution. Ne pourrait-on pas,
par exemple, élargir le champ d'application de la loi de 1884 ?
Pour les ventes de 3.000 et même de 4.000 francs, une taxe de
300 francs est encore assurément très élevée. En étendant à
ces ventes le bénéfice de la loi de 1884, on n'imposerait au
Trésor qu'un sacrifice relativement léger, qui permettrait cependant d'établir, dans une certaine mesure, entre les dépenses
des grosses et des petites saisies, la proportionnalité si désirable dans les frais de justice.

Si l'on réalisait cette réforme en même temps que celle de la
simplification de la procédure d'expropriation, on aurait, je
crois, résolu, dans la mesure du possible, ce grand problème,
auquel il m'a semblé que les membres du barreau ne pouvaient
rester indifférents, et qui consiste à « concilier le respect dû à
« la propriété avec la foi des engagements et les nécessités du
« crédit (2) ».

(1) Dufay, *le Droit* du 22 octobre 1890.
(2) Lavielle, *Études judiciaires*, *Revue crit.*, loc. cit.